Fiche de lecture i̶n̶t̶é̶g̶r̶a̶l̶e̶

Eldorado

de Laurent Gaudé

par Frédéric Lippold et Chaïma Zoraï

Table des matières

Présentation et points clés de l'œuvre

« **Eldorado** » est un roman écrit par Laurent Gaudé, publié en 2006. Il a été écrit juste après le roman « **Le soleil des Scorta** », qui a reçu le prix Goncourt 2004.

Il contient 13 chapitres, qui ont chacun un intitulé en rapport avec son contenu. Le sujet principal est l'**immigration clandestine** de l'Afrique vers l'Europe.

L'histoire commence avec **Salvatore Piracci**, un homme d'une quarantaine d'années. Il est **commandant dans la marine italienne**, dirigeant la frégate *Zeffiro*, et **intercepte** des embarcations de migrants à destination de l'Europe. L'arrivée d'une femme qu'il avait secourue deux années plus tôt (en 2004) va le **bouleverser**. Par la suite, il abandonnera son poste pour **fuir son ancienne vie**, en direction de l'Afrique du Nord.

Parallèlement, on suit les aventures de **deux frères qui cherchent à rejoindre l'Europe**, pour une vie meilleure. L'un des deux frères devra abandonner son projet en cours de route, pour cause de maladie. L'autre frère, Soleiman, parviendra à entrer en Espagne avec Boubakar, un camarade rencontré en cours de route.

Ces deux **histoires vont s'entrecroiser** vers la fin du roman. Nous vivons les doutes, douleurs, espoirs et accomplissements des personnages. Le récit nous entraîne dans les joies et difficultés qui accompagnent le voyage vers une autre vie, vers l'*Eldorado*. Il apporte un éclairage humain sur la question du **voyage**, choisi ou subi.

Le sens du titre « Eldorado »

L'**Eldorado** (qui vient de l'espagnol « *el dorado* » qui signifie « le doré ») désigne un **pays imaginaire** d'Amérique du Sud, qui serait **plein d'or**. Ce **mythe**, apparu au XVIème siècle, a motivé beaucoup de chercheurs d'or : ils cherchaient cette ville, car ils pensaient qu'ils y trouveraient beaucoup d'or et deviendraient **immensément riches**. Cela a provoqué des **luttes**, car les explorateurs voulaient découvrir cette ville imaginaire avant les autres.

Dans ce roman, les personnages sont également en quête du **pays rêvé**, de « leur » Eldorado. On suit donc les aventures de **chercheurs d'or modernes**. Ils souhaitent eux aussi s'en sortir, et aller vers une **vie meilleure**. Pour certains personnages, **l'Europe symbolise l'Eldorado**, là où la **richesse** les attend, mais aussi la **tranquillité** et la **stabilité**. Cette richesse doit les aider à avoir une vie plus **heureuse**, et **oublier les problèmes du passé**.

Pour d'autres personnes (comme le commandant), le voyage en lui-même est une **fuite**, et l'Eldorado est l'**idéal de stabilité**, dans une vie marquée par le regret et la difficulté.

Comme l'a souligné Laurent Gaudé dans un entretien télévisé, ce terme « Eldorado » est **ambigu**. « Eldorado » est un mot concret pour désigner un **lieu qui n'existe pas**. « Eldorado » symbolise le **rêve**, le **désir des hommes** pour une vie meilleure. Dans le même temps, il **représente l'inaccessibilité** : tout le monde sait que l'Eldorado n'existe pas, et nous savons que **les rêves sont généralement inaccessibles** : on **tente** souvent de les réaliser sans jamais les atteindre. Cela représente les **efforts** de l'homme, vers des objectifs parfois inaccessibles ; la **lutte** fait partie de l'humanité, et continue de notre vivant (lutte pour une vie meilleure, lutte pour sa famille, lutte contre la maladie...).

L'Eldorado est aussi le symbole des **rêves brisés**, que les migrants n'ont pas pu atteindre. Néanmoins, on peut comprendre que l'Eldorado représente aussi le **Paradis** que peuvent espérer les morts (voir le chapitre V).

Personnages principaux

Le commandant : Salvatore Piracci

Salvatore Piracci a 40 ans. Il est Italien et vit en Sicile. C'est un homme divorcé depuis quatre années, qui n'a pas d'enfant. Il travaille dans la **marine italienne** depuis 20 ans, et est **commandant** de la frégate Zeffiro depuis trois ans. Avec son équipe de quelques hommes, il **surveille les côtes** à la recherche d'embarcations de migrants illégaux. S'ils en trouvent, ils les **interceptent** puis remettent les hommes aux autorités, afin de les **expulser** vers leur pays d'origine.

Un jour, ce garde-frontière travaillant en Sicile est bouleversé par sa **rencontre avec une ancienne migrante**, qu'il avait recueillie deux ans plus tôt (en 2004). Celle-ci veut se venger de tout ce qu'elle a vécu comme misère lors de son voyage vers l'Europe, en tuant Hussein Marouk, le gérant du réseau de passeurs par lequel elle est arrivée en Europe. Le commandant lui donne une arme à feu, suite à sa demande insistante.

Cet événement provoque chez l'homme une **remise en question** : il se décide à **abandonner ses fonctions** car il ne supporte plus son métier. Il part alors en direction du Maghreb, à l'aveugle, pour démarrer une nouvelle vie et **oublier son passé douloureux**. Arrivé sur place, il est capturé par des agents libyens et interrogé, puis on lui fait rencontrer la **dirigeante d'un trafic de clandestins**, qui lui propose un marché lucratif mais immoral. Après réflexion, il décide de ne pas répondre à la proposition et **s'enfuit**, pour errer sans but entre la Libye et l'Algérie. **Perdu**, affamé, pauvre, envahi par des **idées noires**, il essaye de se suicider en s'aspergeant d'essence, mais n'ayant pas de feu, il rate sa tentative d'immolation et s'évanouit. Plus tard, après avoir repris conscience, il rencontre par hasard Soleiman qui le prend pour un bon esprit, et lui donne son collier en guise d'**offrande**. Réconforté par cet épisode, Salvatore poursuit son chemin et veut donner espoir aux migrants. Sur la route, il se fait **renverser** par un camion ; il **décède** brutalement.

La femme anonyme au bébé défunt

Elle intervient au début de l'histoire puis disparaît. Cette femme est partie en mer pour l'Europe en 2004, à bord du *Vittoria*, espérant une vie meilleure (comme les autres immigrés). Malheureusement, en chemin, son embarcation a été abandonnée par les passeurs, et elle a été livrée à elle-même avec les autres migrants. Beaucoup sont morts, et **son fils de onze mois est mort** lui aussi. Elle a été sauvée par le navire de Salvatore et est arrivée en Europe. Depuis, elle a **soif de vengeance** et veut tuer Hussein Marouk, à qui elle a dû payer 4 500 dollars pour pouvoir aller en Europe avec son bébé. Elle le juge coupable non seulement de la mort de son fils, mais également d'avoir eu l'intention de faire dériver le *Vittoria* et les voyageurs à bord, pour des raisons politiques. Elle va retrouver Salvatore, le commandant qui l'a recueillie, pour lui demander une **arme** et **accomplir son projet**. L'histoire ne nous dit pas si elle a réussi son projet ou si elle a échoué.

Les deux frères migrants : Soleiman et Jamal

Ces **deux migrants** apparaissent dans l'histoire au deuxième chapitre. Ils sont deux frères soudanais ; Soleiman a 25 ans et Jamal est un peu plus âgé.

Les frères veulent **partir en Europe** pour un avenir meilleur, et quittent leur Soudan natal avec douleur. Les jeunes s'en vont et arrivent plus tard à la frontière libyenne. À ce moment, on apprend que Jamal a développé une **infection** suite à ses mauvaises fréquentations (sans doute le sida, car il avait des relations avec des prostituées à Port-Soudan). Jamal sait qu'il est **malade** et ne veut pas continuer son voyage, car il sait qu'il est **condamné** et refuse que son frère le voie mourir à petit feu. Il veut que son frère Soleiman **parte seul** et qu'il vive son rêve, avec le peu d'argent restant. Soleiman accepte avec **désespoir** de **continuer seul vers l'Europe**. Il parviendra à son objectif, avec l'aide d'un autre migrant : Boubakar.

Le migrant errant : Boubakar

C'est un migrant, âgé d'une trentaine d'années. Cet homme, boiteux de la jambe gauche, **a quitté les siens** sept ans plus tôt, dans le but d'atteindre l'Europe. Il erre ; on ne connaît pas vraiment son passé. Sa vie prend un **tournant** lorsqu'il fait connaissance avec Soleiman dans le chapitre VI. Boubakar sera un **soutien** pour Soleiman. Il va le **guider** et le **soutenir** dans son chemin vers l'Europe. Il apportera à Soleiman une **aide déterminante** pour franchir la frontière espagnole, en le tirant au travers du passage. Boubakar devient ainsi un **frère de substitution** pour Soleiman.

Personnages secondaires

L'ami du commandant : Angelo

Angelo est un vieil homme aux yeux bleus, assez petit, âgé de 60 ans. Il est buraliste et vit en Sicile. Angelo va être le **conseiller** et le **confident** de Salvatore, jusqu'à ce que ce dernier s'en aille vers l'inconnu, en direction de l'Afrique du Nord.

Le malfaiteur ciblé par la femme : Hussein Marouk

C'est un **homme d'affaires**, proche des services secrets syriens. Il a géré le trafic de clandestins à bord du bateau *Vittoria*, qu'il a affrété, dans lequel la femme a effectué son voyage pour l'Europe. On en sait très peu sur lui.

La gérante du plus grand réseau de passeurs : la reine d'Al-Zuwarah

C'est une femme qui réside en Libye, surnommée la « *reine d'Al-Zuwarah* » car c'est une riche commerçante de la ville. Elle est d'apparence **grasse** et **vulgaire**, avec une voix presque masculine. Cette femme, **très riche**, a toutefois des dents manquantes. Elle maîtrise l'italien, ce qui lui permet de discuter avec Salvatore

au chapitre IX. Elle est à la tête du **plus grand réseau de passeurs** de sa région. Elle gère ce réseau à partir des bas-fonds sordides d'Al-Zuwarah, une ville côtière en Libye. C'est une personne **opportuniste**, intéressée par **l'argent**. Toutefois, même si elle est hors la loi, elle a **davantage de scrupules** que d'autres gérants de tels trafics ; elle répond aux demandes des migrants, sans toutefois les exposer à des risques inconsidérés, à la différence d'autres passeurs. Elle reste **brutale et dominatrice** ; ainsi, elle menace Salvatore s'il ne répond pas à sa proposition de collaboration.

Résumé détaillé

Chapitre I : L'ombre de Catane

Dans ce chapitre, nous sommes à **Catane**, en Sicile, en **2006**.

Nous vivons l'histoire des yeux de Salvatore Piracci, qui déambule seul dans la ville, et nous ressentons une ambiance **humide** et **morne**. Des mots forts tels que « *cataclysme* » et « *faute humaine* » sont utilisés. La **mort** est déjà présente avec les « *centaines de poissons morts* », les « *yeux morts* » des poissons telle une « *macabre exposition* » ; le mot « *mort* » est utilisé au moins 22 fois dans ce chapitre.

Élément déclencheur / perturbateur : un matin, **une ombre** apparaît dans le marché de Catane (d'où le nom du chapitre). Cette dernière suit le commandant Piracci, qui se sent observé. Dans un premier temps, il ne voit personne derrière lui. Puis, l'ombre laisse place à une femme que le commandant finit par apercevoir. Il est alors étonné et se demande même s'il « *attire* » encore des femmes. Plus tard dans l'après-midi, tandis que le commandant sort de chez lui, il retrouve la **femme en face de chez lui**. Elle lui adresse soudain la parole : « *Vous ne me reconnaissez pas, commandant ?* ».

Dans un premier temps, il ne la reconnaît pas, puis, lorsqu'elle évoque « *Le Vittoria. 2004.* » tout lui revient. Il l'invite alors chez lui afin de mieux discuter. Elle lui raconte son histoire : en 2004, elle a émigré clandestinement à bord d'un bateau, le *Vittoria*, pour un avenir meilleur, mais son rêve s'est transformé en **cauchemar**.

La femme raconte son histoire : elle est partie de Beyrouth (Liban) pour prendre ce bateau vers l'Europe, en pleine nuit, avec son bébé. Le récit nous fait vivre cette aventure **tragique** : au début du voyage, nous sentons **l'excitation des migrants à bord** ; ils discutent, plaisantent, chantent, bien qu'ils soient tous serrés les uns contre les autres, et qu'ils ressentent une certaine tension. Ils ne se rendent pas compte de ce qui les attend.

Le **deuxième jour** en bateau marque un « second voyage » : l'équipage (les passeurs) a quitté le bateau en pleine nuit, laissant les immigrés seuls et sans ressource. Il n'y a **pas d'eau**, **pas de nourriture**, pas de radio. L'ambiance change alors. « *Les visages, d'un coup, se ferment* ». Le soleil tape. La **mort** touche les passagers petit à petit, et certains sont jetés par-dessus bord, notamment pour éviter les maladies. On parle de **mort lente**, de **rêves brisés**. Puis, c'est le bébé de la femme qui **faiblit**… et il **décède**. La mère n'accepte pas la mort de son enfant, alors que des hommes décident de le lui arracher pour le **jeter** par-dessus bord. Le **bruit effroyable** du bébé tombant dans l'eau horrifie la femme.

C'est à la troisième nuit que Salvatore et ses hommes interceptent le *Vittoria*. Les rescapés, dont la femme, n'expriment ni joie ni terreur, ce qui s'explique par la **fatigue** et l'**accumulation d'horreurs** tout au long de leur voyage. Ce voyage a coûté 3 000 dollars pour chaque immigré ; 4 500 dollars pour la femme car elle avait un nourrisson. Au départ, il y avait à bord plus de 500 personnes. Seulement **386 ont survécu**.

 Nous apprenons, dans ce chapitre, que la femme est allée à la rencontre du commandant pour une seule raison : **avoir une arme**.

Elle souhaite se venger en tuant l'organisateur du voyage, **Hussein Marouk**, qu'elle juge responsable de la mort de son fils. Elle affirme que Hussein Marouk a donné l'ordre aux passeurs d'abandonner les migrants en pleine mer non pas pour l'argent, mais pour de seules **raisons politiques**, en vue de faire pression sur l'Europe. Elle est **exaspérée** : pourquoi avoir poussé des gens à la mort pour un motif aussi absurde ? La femme a donc soif de **vengeance**.

Elle a l'intention d'aller à **Beyrouth** pour tuer le criminel. Elle qui a « *eu la chance* » d'arriver en Europe, veut faire le chemin inverse afin de retourner à sa ville de départ. De plus, elle veut repartir en bateau, comme pour refaire le trajet en arrière et  clôturer l'histoire. Le commandant essaie de la dissuader dans son projet, mais rien à faire : cette vengeance est **sa raison de vivre**.

Devant son insistance, le commandant cède et lui **donne une arme**. Elle s'en va de chez lui, alors que la nuit est tombée, en lui faisant rapidement ses adieux. Le commandant, lui, est à la fois **soulagé** et **soucieux** ; il se demande ce qu'il adviendra de la femme et de cette arme. Quel crime l'arme induira-t-elle ? Que risque-t-il d'arriver si la femme perd cette arme ? En même temps, Salvatore est **admiratif** devant la **détermination sans faille** de cette femme qui lui confère, selon lui, une **beauté** et une **force**. Confronté à une personne aussi engagée et courageuse malgré sa terrible épreuve, **il se sent vide**, d'un « *vide confortable qui le dégoûtait* ».

Chapitre II : Tant que nous serons deux

Nous nous trouvons au **Soudan**, avec **Jamal** et son frère **Soleiman** (dont le nom n'est pas encore énoncé ; il le sera seulement au chapitre IV). Nous vivons cette partie du récit avec le regard et les pensées de Soleiman, qui narre ses ressentis (*point de vue interne, à la 1ère personne*). Les deux frères sont **installés dans une voiture**, parcourant le centre-ville d'une ville africaine.

L'atmosphère qui règne au départ est une atmosphère d'**agitation**, bruyante, presque étouffante ; « *les boulevards grondent du vacarme des klaxons* », « *la poussière soulevée par les embouteillages* », « *le fouillis des voitures et la foule des passants* ». Les deux frères s'arrêtent dans un café, « *place de l'indépendance* » (le choix de la place n'a pas été fait au hasard par l'écrivain). Ce chapitre nous fait vivre les « *mille et une* » questions qui **trottent dans l'esprit de Soleiman**, qui compte entreprendre un voyage le soir même avec son frère Jamal, de leur pays vers l'Europe.

Tout au long de ce chapitre, nous ressentons la **nostalgie** de Soleiman, de la **joie** mêlée à de la **tristesse** ; « *c'est qu'il [Jamal] veut que nous soyons ensemble pour dire **adieu** à notre ville* », « *la **tristesse** et la joie se partagent en mon âme* », « *j'ai doucement **mal** de ce pays que je vais quitter* ». Nous percevons la tristesse de **perdre son identité, son origine** ; « *nous allons laisser notre nom* », « *le quartier connaît l'histoire de notre famille* », « *là où nous irons, nous ne serons **rien*** ». Ceci est ressenti comme **la fin d'une vie** par le frère de Jamal ; « *nous allons quitter les rues de notre vie* ».

Le petit frère de Jamal essaye de s'**imaginer l'avenir** loin de leur pays, celui de leurs futurs enfants qui ne « *seront nés nulle part* ». Il se questionne sur leur **future identité**, celle de leurs **descendants** et fait part de ses inquiétudes à Jamal. En effet, ils supposent que leurs enfants payeront le prix de cette immigration, mais que la vie sera plus simple pour leurs futurs petits-enfants. Ils s'imaginent que leurs enfants **s'ennuieront des rites**, auront **honte** de la langue de leurs pères, de **l'accent** de ces derniers. Ils auront peut-être parfois honte de leurs vêtements traditionnels ou encore de leurs traditions culturelles.

On pourrait s'attendre à ce que les frères ressentent de la peur face au voyage qui les attends, mais ce n'est pas le cas. En effet, le petit frère de Jamal se répète à lui-même que tant qu'il sera avec son frère, il **n'aura pas peur** ; « *mais je n'ai pas peur. Je suis avec mon frère* », « *il n'y aura plus que toi pour moi. Et moi pour toi. Plus frères que jamais* », « *nous vieillirons ensemble, mon frère* », « *tant que nous serons deux, tout sera bien* ». Le **mélange d'émotions renforce leur lien fraternel** et éloigne le sentiment de la **peur**, d'où le titre de ce chapitre « *Tant que nous serons deux* ». Car oui, tant que ces frères seront soudés et ensemble, tout ira bien et tout sera supportable.

L'image de la **mère** est également importante dans ce chapitre. Elle est représentée comme les racines des frères, qu'ils vont laisser **mourir** au pays avant de pouvoir la faire venir auprès d'eux. Les mots utilisés afin d'exprimer le chagrin de la situation sont fort, « *il lui faut une force violente pour contenir ses sanglots de mère* ». La situation est étouffante. Ce qui les attend c'est l'**urgence** et la **peur**. Nous avons le souffle qui s'accélère avec le narrateur ; le lecteur peut ressentir l'**angoisse**, la **mélancolie** et la **tristesse** des frères grâce à une narration qui fait intervenir les **sens** (la **vue**, grâce à la description du décor ; l'**ouïe**, par le vacarme qui règne autour des deux personnages ; le **goût**, de certains aliments que le frère de Jamal s'imagine manger pour la dernière fois ; le **toucher**, notamment par le souvenir de la mère qui passait ses doigts dans les cheveux de ses fils ; enfin, l'**odorat**).

La **mort** est encore un sujet qui revient. Il est question d'un **tombeau ouvert** lorsque les deux frères roulent en voiture en rentrant chez eux. Leur père est mort ; leur mère, elle, **mourra au pays**. C'est la **fin d'une vie** pour les frères.

La notion du **temps** est importante, notamment lorsque les deux frères arrivent chez eux pour préparer leurs affaires avant le grand départ. Le frère de Jamal se dit « *dans une seconde, nous les* [leurs affaires] *rejoindrons* *au milieu du salon* » or, il se passe plus d'une seconde pour qu'ils arrivent dans le salon. Il pense aux fruits qui « *resteront ici plus longtemps que nous* » et espère que « *dans dix ans, dans vingt ans [...] nous pourrons nous asseoir, côte à côte, et manger ces dattes que nous y avons laissées* ». L'auteur souligne la **mélancolie** des frères, et la **rupture** qu'ils vont vivre, notamment quant au rythme de vie. Ainsi, Soleiman se dit : « *c'est le dernier instant où nous avons le temps. Dans une seconde, nous ne connaîtrons plus que l'urgence et la peur* ».

Ce chapitre se termine par la préparation des frères pour leur grand voyage qui marque, comme nous l'avons dit précédemment, « *la fin d'une vie* ».

Chapitre III : Tempêtes

Le commandant Salvatore Piracci retrouve son ami **Angelo** à sa boutique, un soir, afin de se confier à lui. Salvatore a reçu une **lettre** de la femme lui disant qu'elle est arrivée à Beyrouth et compte aller à Damas (Syrie) afin d'aller jusqu'au bout de son objectif.

Les deux hommes essaient de s'**imaginer** ce qu'est devenue la femme, si elle est allée jusqu'au bout de son objectif, celui de tuer Hussein Marouk. Ils sont absorbés par ce sujet, « *Cette femme emplissait leur esprit à tous deux. Salvatore s'imagine une autre femme, plus calme car plus proche de son but.* » Ils se demandent si la femme est passée à l'acte, et comment elle a pu s'organiser afin de suivre sa cible. Plusieurs hypothèses sont imaginées. Mais en réalité, **ils ne sauront jamais**, de là où ils sont, ce qu'est devenue la femme. Ils finissent par s'imaginer qu'elle est **morte**.

Par la suite, Salvatore **se remet en question**. Il réfléchit sur son devoir et **doute de sa mission**, qu'il pensait être juste : surveiller la « *citadelle* » (l'Europe) contre les immigrés clandestins, être en « *première ligne* » d'une **guerre** contre ces derniers. C'est ce qu'il a appris de l'école des commandements. En réalité, il pense qu'il est le « *mauvais œil qui traque les désespérés* ». Il a l'impression d'avoir été **trompé**.

Leur discussion est ensuite coupée par l'arrivée de **Matteo**, le second du commandant. Il l'informe de l'arrivée d'un cargo ayant lancé un appel de détresse pour avarie. L'équipage a abandonné des clandestins quelque part dans la mer « *sauvage* », à bord de cinq canots.

La **tension** réapparaît, l'ambiance redevient **humide** et **inquiétante**. Le commandant rejoint ses hommes, qui vont en mer pour rechercher les canots quelque part dans la mer, dans la nuit noire, avec pour seules sources de lumière la **lune** et leurs projecteurs. Nous ressentons une volonté puissante émanant de Salvatore qui est « *bouillonnant de rage, de peur et d'excitation* ». Il **veut sauver des vies**.

Ils trouvent **deux canots seulement**. Les migrants sont **heureux** d'être retrouvés, ils **crient de joie** (on comprend que leur voyage est resté assez bref, car si le voyage est trop long, les passagers ne réagissent pas).

Salvatore veut trouver les trois autres canots, mais la **tempête revient**. À cause du mauvais temps, le commandant et son équipe ne retrouvent pas les autres embarcations. Ils **abandonnent**. Nous ressentons la **déception** et la **rage** de Salvatore. Ce mélange de sentiments du commandant, ajouté au déchaînement de la mer, justifie le titre du chapitre (« *Tempêtes* »).

Nous apprenons un détail supplémentaire : lorsque le commandant Salvatore et ses hommes retrouvent les immigrés perdus dans la mer, ces derniers **ne peuvent pas rester en Europe**. Les migrants sont donc **arrêtés**, gardés dans des **centres de détention** pour ensuite, après des procédures administratives, être ramenés dans leur pays d'origine. L'immigration clandestine est marquée de **souffrances** et de **déceptions** : si on évite la mort en étant sauvé par les garde-côtes, cela est **synonyme d'expulsion**, donc de retour à la case départ. Pourtant, après l'expulsion, beaucoup de migrants réessaieront de passer en Europe coûte que coûte, pour réussir ou mourir.

Chapitre IV : Blessure de frontière

Nous retrouvons les deux frères du chapitre II. Un homme, avec qui Jamal s'est entretenu avec familiarité, les a conduits en voiture au niveau de collines rocailleuses. Ils poursuivent ensuite leur chemin à pied, avec ce dernier, durant plus d'une heure.

C'est alors qu'ils arrivent en **Libye** : une première frontière est franchie. Une **frontière invisible**, avec un paysage qui ne marque pas de différence entre le pays d'origine et le pays voisin. Une frontière facile à franchir, sans barbelés ni policiers.

C'est à ce moment-là que Jamal annonce à son frère **Soleiman** qu'il ne peut pas poursuivre le chemin car il est **malade**. Soleiman ressent pour la première fois, au cours de ce voyage, de la **peur** : « *Et j'ai eu peur, d'emblée* ». L'instant de l'annonce nous coupe le souffle. Même les animaux aux alentours ont l'air de « comprendre » la situation, « *les lézards se sont immobilisés sous les roches. Les oiseaux ont interrompu leur chant* ». Tout semble s'arrêter, « *dans le silence du monde* ». Le monde s'écroule autour de Soleiman. Jamal a contracté la maladie à cause de ses mauvaises mœurs : « *les prostituées de Port-Soudan (…) m'ont coûté plus cher que je ne pensais. C'est ainsi, Soleiman.* »

Soleiman ne veut pas partir sans son frère car il représente sa force. En parallèle, Jamal insiste pour que son frère continue sa route vers l'Europe. Il veut aussi que son petit frère garde de lui le souvenir d'un homme « *en bonne santé* » et « *libre* », non pas celui d'un homme que la maladie **affaiblira**, **amaigrira** tel « *un vieux cheval* ». Il est encore question de **mort**, qui « *mangera* » lentement Jamal. En revanche, malgré la maladie et le manque de moyens financiers, Jamal avait un objectif, celui de traverser au moins une frontière afin de ressentir la **liberté** ; aussi, afin d'avoir la certitude que sans la maladie, il aurait réussi à atteindre l'Europe. Il lègue ce dernier objectif à son frère Soleiman, qui finira par se **résigner** à suivre ce que son frère lui demande de faire.

Ils arrivent au niveau d'une route où attend une voiture. Jamal donne de l'argent au conducteur ; Soleiman y voit un **temps de vie en moins** pour son frère, qui aurait pu s'acheter des médicaments avec. Mais c'est ainsi.

C'est ici que les frères se séparent, un instant **très triste**. Soleiman se rend compte que depuis le début, Jamal faisait ses adieux avec lui, et non pas avec leur ville d'origine. Jamal lui annonce qu'il a payé pour tout le voyage, que la voiture va en direction d'Al-Zuwarah, sur la côte libyenne, et que là-bas des **passeurs** l'aideront à traverser la Méditerranée. Enfin, il donne à son petit frère un **collier de perles vertes** comme souvenir.

Soleiman est perdu dans ses pensées, et finit par avoir l'impression qu'on l'arrache de sa vie. Il se considère comme une **ombre** : il se retrouve seul, loin de ses repères. Il en conclut que tout franchissement de frontière est douloureux, même s'il n'y a pas de barbelés à passer ou de policiers à fuir : **toutes les frontières blessent** (d'où le titre du chapitre).

Chapitre V : Le cimetière de Lampedusa

Ce chapitre est la suite du chapitre III. Le commandant Salvatore est dans sa cabine, à bord de la frégate qui navigue en direction de l'île de Lampedusa. Il se remémore la « *bataille* » qu'il a livrée avec la mer afin de se « *sentir vivre* » d'une part, et de retrouver des survivants, d'autre part. Ceci le mène à **se poser beaucoup de questions** sur sa situation. Il a des états d'âme et ne se sent pas bien, comme s'il « *se détachait peu à peu de sa vie* ». De plus, sa perception des choses qui l'entourent a changé depuis qu'il a rencontré la femme. Il en perd même le sommeil. À présent, il se demande ce qu'il va devenir, et à quoi ressemblera son **avenir**. Son métier ne l'anime plus comme avant, il ne trouve plus de sens à son travail, tandis que sa relation avec ses subordonnés est devenue **plus distante**. Il a l'impression de ne plus vraiment appartenir à son équipe.

Soudain, à six heures du matin, un peu avant leur arrivée sur l'île **Lampedusa**, un clandestin va à la rencontre du commandant, dans sa cabine. Cet homme visiblement cultivé et sérieux avait joué le rôle d'**interprète** au chapitre III, entre les immigrés et l'équipage de Salvatore. Gêné mais déterminé, il demande au commandant de **le cacher** quelque part, contre un peu d'argent, dans le but d'échapper aux forces de l'ordre qui vont le renvoyer dans son pays d'origine. Dans un premier temps, le commandant refuse catégoriquement et se montre très **froid**. Il renvoie alors le clandestin rejoindre les autres immigrés sur le pont de la frégate. Mais peu après, le commandant **doute** : pourquoi pas, finalement ? Cela permettrait au moins à un immigré de « *faire basculer sa vie* » !

La frégate arrive à destination. Les clandestins sont sur le point de descendre à terre. Salvatore lance soudain : « *Non, attendez !* ». Les agents italiens s'immobilisent. Salvatore comprend qu'**il ne peut plus cacher l'homme**, et qu'il avait « *hésité trop longtemps* ». Il fait donc signe de continuer l'évacuation. Alors, il croise le regard du clandestin interprète. Ce dernier a compris que Salvatore a changé d'avis et qu'il était à deux doigts de réussir. Cela l'enrage : le clandestin lui lance un « *long regard noir et douloureux qui disait sa rancune* », et il crache en regardant Salvatore. Il est **écœuré** en comprenant que son échec est dû la **bête hésitation** du commandant.

Sur l'île, des formalités s'ensuivent ; les clandestins seront reconduits, malgré eux, vers leur pays d'origine. **Salvatore s'en veut**, la colère s'empare de lui. Plus loin, il remarque un regroupement. Au départ, il pense que les trois autres barques ont été retrouvées, mais il se trompe ; il s'agit seulement des Libyens responsables de la perte des clandestins en mer. Ces marins ont abandonné les migrants en mer, dans des embarcations de fortune, alors qu'ils avaient promis de les emmener jusqu'en Italie.

À cette nouvelle, le commandant se dirige droit sur ces derniers qui sont sous escorte, demande aux carabiniers italiens qui est le capitaine du groupe libyen. Après l'avoir identifié, il **se précipite sur lui** et le **frappe** au visage. Rapidement, Salvatore est retenu par trois hommes et reçoit l'ordre, par l'**autorité** (un colonel des carabiniers), d'arrêter. Il retourne dans la frégate, toujours en **colère**.

Dans sa cabine, il se sent **stupide** : avoir frappé le capitaine libyen **ne changera rien** à la situation des clandestins. Ces derniers ne s'en réjouiraient pas spécialement : ce que ces migrants veulent, c'est avoir une **chance en Europe**… et Salvatore a **refusé cette chance** à l'interprète.

Cimetière de Lampedusa - Parcelle réservée aux migrants n'ayant jamais été réclamés par personne

Salvatore Piracci se sent **fatigué, dépassé**. Le soir, il vagabonde dans les rues, évitant d'aller au café où on parle sûrement de lui. Il se rend au **cimetière de Lampedusa**. Dans un coin du cimetière, il va se retrouver face à des tombes sans sépulture, sur lesquelles des croix en bois sont mal implantées, certes datées mais sans noms. Ce sont les **tombes des premiers migrants**.

Le commandant Salvatore se remémore l'histoire du cimetière ; les premiers corps qui échouèrent sur l'île ont causé, au départ, un **bouleversement** des habitants. Puis, suite à la multitude de **corps morts** qui échouaient sur Lampedusa, ses habitants ont développé un sentiment d'**indifférence** voire de **lassitude**. Certains demandèrent que les corps soient amenés ailleurs. Où ? Nous ne le saurons pas.

Un homme sorti de nulle part s'adresse alors au commandant, sans le saluer, en disant : « *C'est le cimetière de l'Eldorado* ». Lassé et de mauvaise humeur, le commandant écoute malgré tout l'homme qui l'intrigue par le ton de sa voix. Ce dernier parle, sans se préoccuper de ce que peut penser le commandant de lui. L'homme se met à décrire un paysage merveilleux (le Paradis ?) où se retrouveront les migrants ; « *L'herbe sera grasse […] les arbres chargés de fruits. De l'or coulera au fond des ruisseaux* ». Il en vient ensuite à l'**Eldorado**, qui était « *au fond des yeux* » des migrants jusqu'à ce qu'ils meurent.

Par cela, les immigrés enterrés sont plus riches que l'homme qui parle, le commandant et les « *autres* » (insinuant les Européens) qui ont « *le fond de l'œil sec* » (vide d'humanité). Sur ces mots, l'homme s'en va et laisse Salvatore méditer sur ces dernières paroles.

Chapitre VI : Le boiteux

Retour sur l'histoire de Soleiman, qui se retrouve dans une **camionnette** entourée d'une vingtaine de passagers. Deux jours avant, lui et les autres immigrés étaient tous **entassés** dans un appartement vide en attendant les passeurs.

Ils quittent Al-Zuwarah. Soleiman est présent physiquement dans cette camionnette, mais son esprit est resté avec son frère. Il se trouve alors un **nouvel objectif** : arriver le plus rapidement possible en Europe, trouver du travail et envoyer l'argent gagné pour son frère afin qu'il se fasse soigner, pour le **sauver**. Un **espoir** est né, une course contre la montre commence. Nous ressentons sa **force** et sa **détermination**. Rien ne l'arrêtera. Mais tout à coup, les passeurs prennent un chemin qui s'éloigne de la route. Ils s'arrêtent, font sortir les immigrés, se mettent à les insulter et leur hurlent dessus. En pleine **nuit**, ils les **menacent** avec des armes et leur demandent tout leur argent. Soleiman et les autres sont effarés. Un homme arrive alors vers lui. Soleiman, envahi par la rage, le **frappe au visage**. Malheureusement, il reçoit des coups en retour et tombe, « *comme mort* ». Il ne « *sent plus rien* », et se raccroche à son identité : « *je suis Soleiman, le misérable frère de Jamal* ».
Il perd connaissance.

À son réveil, il ressent la **douleur** induite par les coups. Les passeurs lui ont tout volé, mis à part le **collier de Jamal**. Il voit que tout le monde est parti. Seul un petit homme maigre est là, il se présente et donne son nom : **Boubakar**. Il apprend à Soleiman que les autres migrants sont retournés en direction d'Al-Zuwarah, mais d'après lui c'est une mauvaise idée, parce qu'ils vont souffrir là-bas. De son « *expérience* » de sept ans de marche, il lui répond qu'il vaut mieux aller à Ghardaïa (Algérie), puis au Maroc, pour enfin rejoindre l'Espagne. Il lui propose de l'accompagner.

Soleiman se demande quelle est la motivation d'une telle proposition, mais il n'a pas d'autre choix que d'**accepter**. En effet, il est inconcevable pour lui de faire demi-tour, de retourner auprès de sa famille : la traversée aurait été vécue comme un **échec**, tout comme le fait d'avoir été racketté. Il est **condamné** à poursuivre son voyage vers l'Europe. Il se sent **vide** et **brisé**.

Les deux hommes entreprennent alors leur voyage en silence. Soleiman se rend compte que Boubakar boite de la jambe gauche, d'où le nom du chapitre « *Le boiteux* ». Cette situation lui donne envie de rire, tellement elle est **misérable** : lui-même est « *cassé* » par les coups reçus, tandis que son compagnon de route boite… et tous deux marchent vers une destination lointaine, sans eau, ni nourriture, ni argent.

Chapitre VII : L'homme Eldorado

Retour sur Salvatore. Il est chez son ami **Angelo**, une semaine après avoir violenté le capitaine Libyen. Il a reçu un **courrier officiel** lui ordonnant de se rendre trois jours plus tard à la capitainerie, pour discuter de cette altercation. Seulement, Salvatore a déjà pris la **décision de ne pas se rendre à la convocation**. Il veut arrêter ce qu'il fait. En effet, il se dit que s'il continue à être garde-côte, il risque de ne plus respecter son devoir, et donc de cacher des immigrés afin de leur donner une nouvelle chance en Europe. Seulement, il ne veut pas avoir le pouvoir de choisir quel homme cacher, ou pas… en somme, **il ne veut pas avoir le sort de la vie des hommes entre ses mains**. De plus, il n'arrive plus à supporter les **regards perdus**, de **peur**, de **demande infinie** de ces migrants.

Ce n'est pas tout. Salvatore annonce à son ami Angelo qu'il compte **quitter la Sicile**, qu'il a déjà fait les démarches pour retirer de l'argent et acheter une barque solide. Il lui apprend également qu'il compte **partir** le soir même de leur discussion. Son ami le comprend et accepte cette nouvelle. Salvatore quitte alors « *sa vie* » qu'il laisse entre les mains de son ami ; c'est un passage émouvant de l'histoire. Salvatore fait ses adieux à Angelo.

Salvatore s'en va en direction du port, en pleine **nuit**, en empruntant une route **sans nom**. À ce moment-là, il regarde sa carte d'identité une dernière fois puis la **brûle**. L'auteur a choisi exprès une rue sans nom pour un tel acte. C'est très symbolique : Salvatore **perd son identité**, c'est un changement radical pour un nouvel avenir inconnu. À cet instant, il se dit que « *tout va enfin pouvoir commencer* ». Il quitte la ville de Catane.

Salvatore s'en va, seul

Finalement, son intention profonde est de **partager ce que les immigrés peuvent vivre**. La traversée de frontière, la recherche de travail… Il ressent de la **peur**, mêlée à de l'**excitation**. En pleine mer, dans la **nuit noire**, il aperçoit à un moment donné l'île de Lampedusa. Il se dépêche de la laisser derrière lui. C'est pourtant l'île rêvée de tout immigré…

Chapitre VIII : Je me perdrai à Ghardaïa

Soleiman et Boubakar (son compagnon de route) sont toujours en chemin depuis des jours. Nous les retrouvons sur le toit d'un camion. C'est Boubakar qui a payé ; il avait caché de l'argent dans un pli de vêtement cousu. Ils vont en direction de **Ghardaïa** (Algérie), première étape de leur voyage. Là-bas, ils comptent travailler pour poursuivre leur voyage, car ils n'ont plus d'argent. Soleiman se questionne sur leur avancée. Dans le camion, il n'y a pas que des migrants : on y trouve aussi de simples voyageurs, comme Ahmed, un Algérien de Zelfana, assez bavard et de bonne humeur (on apprend qu'il a fait du commerce et est satisfait).

En cours de route, le chauffeur fait une pause de quinze minutes à Ouargla, afin de prendre de l'essence. Soleiman descend pour s'aérer, Ahmed également. Boubakar préfère rester au camion ; Soleiman s'imagine que c'est par **peur** de ne pas retrouver le véhicule.

Pendant qu'Ahmed fait ses besoins dans un coin caché, éloigné du camion, Soleiman est pris d'une pulsion de violence : il sent que l'Algérien a de l'argent, alors il le **frappe au visage** et **l'assomme**. Soleiman est comme un animal qui attaque sa proie. Très rapidement, il

le fouille et tombe sur une pochette pleine de billets, qu'il met dans sa poche. Il retourne dans le camion, laissant Ahmed ensanglanté et évanoui.

Soleiman entre dans le véhicule, et est terrifié à l'idée qu'Ahmed se réveille. Finalement, à son soulagement, **le camion repart**, sans Ahmed.

Après avoir attendu que les passagers s'assoupissent, il donne environ la moitié des billets à Boubakar, sans dire un mot ni croiser son regard. Croisant plus tard son regard, il perçoit non pas un reproche dans le regard de Boubakar, mais une sorte de **tristesse**, liée à ce que Soleiman vient de faire. Ce dernier se dit alors que Boubakar a sans doute dû commettre, au cours de ses voyages, **de tels actes cruels**. Peut-être même que Boubakar a proposé à Soleiman de venir avec lui pour se racheter « *des laideurs intimes dont il ne dirait jamais rien* ». Soleiman s'en veut beaucoup, il se trouve **laid**.

Arrivés à **Ghardaïa**, Boubakar annonce qu'avec une partie de l'argent, ils vont pouvoir rejoindre **Oujda** (Maroc). Il demande à son compagnon de voyage, Soleiman, de le retrouver deux heures plus tard, le temps de trouver un camion pour la suite du voyage. Soleiman se retrouve à « *vagabonder* » de rue en rue, entouré d'hommes, parmi eux d'autres réfugiés. Il se dit qu'il va se « *perdre à Ghardaïa* », qu'il va « *perdre Boubakar* », d'où le titre du chapitre.

Il est tracassé par l'agression qu'il a commise et reste surpris par sa **sauvagerie** : cet exil le transforme en bête apeurée et féroce.

Le soir, adossé à un arbre, **Soleiman croise quelqu'un** qu'il semble reconnaître, sans que le lecteur comprenne de qui il s'agit. Il fait « *ce qu'il doit* » et offre à cet inconnu le collier de Jamal.

Soleiman va ensuite retrouver Boubakar qui lui sourit et lui annonce qu'ils partent dans une heure. Boubakar remarque que le collier de Soleiman a disparu, mais il ne pose pas plus de questions.

Cette **rencontre mystérieuse** au marché transforme Soleiman. Il est **remotivé**, **n'a plus peur** et qu'il n'a qu'une idée en tête : **aller jusqu'au bout**, quitte à en « *crever* ».

Chapitre IX : La reine d'Al-Zuwarah

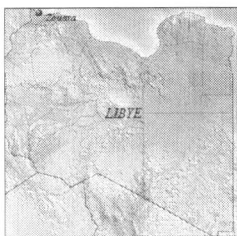

Salvatore Piracci se retrouve dans un poste de police, après avoir passé des jours en Libye (nous ne savons pas combien de jours). Un premier policier le questionne en arabe, mais Salvatore ne comprend rien. Un deuxième policier entre pour le questionner, mélangeant l'arabe et l'anglais. Après une certaine attente, Salvatore finit par dire qu'il est un marin de Sicile. Suite à cela, le policier le laisse dans une petite cellule, seul. Il revient plus tard dans la **nuit**, pour l'emmener voir une femme qui sait parler italien, dans un faubourg d'Al-Zuwarah. Salvatore est introduit dans un appartement confortable, et rencontre cette femme nommée « *la reine d'Al-Zuwarah* » (d'où le titre du chapitre).

Une discussion s'engage entre Salvatore et la reine d'Al-Zuwarah sur son trafic. Elle explique qu'elle est à la tête d'un grand **réseau de passeurs** de la région. Salvatore l'accuse de dépouiller de misérables personnes qui rêvent d'un avenir meilleur. Sereinement, **elle se défend** et lui répond qu'elle a déjà été dans cette situation, qu'elle sait ce que les immigrés vivent. Elle **argumente** en disant que de toute manière, si ce n'est pas elle qui les fait passer, d'autres le feront sûrement de façon malhonnête. Finalement, elle lui propose de travailler avec elle : grâce à son expérience, il pourra déposer les immigrés en Europe par la mer. L'idée de défier les marins italiens semble le séduire. La femme lui jette de l'argent, et lui demande de commencer son travail **dès le lendemain**. Elle le **menace** : « *Si tu refuses, je saurai te retrouver et Dieu seul sait ce qui pourra t'arriver* ».

Ce qui est intéressant dans ce passage, c'est le **contraste** entre l'ex-commandant et la reine. Salvatore est un Européen, mais il est mince, avec le visage creux, fatigué, affamé, pauvre, alors que la reine d'Al-Zuwarah est une orientale « grasse », riche, imposante. Elle lui jette la liasse de billet à ses pieds comme si c'était un **chien**.

En sortant de chez la « reine », Salvatore réfléchit à tout cela et repense à la femme qu'il avait rencontré à bord du *Vittoria*. Finalement, il ne veut pas de la proposition de la reine. Il veut **s'éloigner de la Méditerranée**, être loin des espoirs brisés et des drames qui s'y déroulent. À une **gare routière**, il s'approche d'un car qui a pour destination **Ghardaïa**. Il ne sait pas où cette ville se trouve, mais il monte quand même. Ce qui lui importe, c'est de tourner le dos à la mer, à toutes ces tristesses.

Chapitre X : L'assaut

Nous retrouvons Soleiman, qui a quitté les siens **depuis huit mois** maintenant. Il est arrivé au Maroc et s'apprête à **mendier**. Il raconte comment la plupart des passants ne donnent rien, et comment d'autres, parfois, donnent quelques pièces en allant ou sortant de la mosquée : « *la charité est sacrée* ». Ce jour-là, il n'a pas trouvé de mendiants adossés aux murs. Il pensait que c'était bon signe. En réalité, c'est parce que la **police** a débarqué en ville, sûrement pour « *nettoyer* » la ville des immigrés. Soleiman raconte comment un jour, en pleine **nuit**, des policiers ont surgi pour frapper des migrants, dont lui. Il s'attend alors au pire.

Il va dans un **camp clandestin de réfugiés**, dans une forêt, afin de prévenir Boubakar. Ce camp est composé de plus de 500 hommes de différentes nationalités, avec un chef pour chaque nationalité.

L'information est déjà arrivée au camp : l'armée marocaine va venir pour brûler le campement, probablement dans une journée et une nuit. Une décision est arrêtée entre les chefs du camp et Boubakar (qui est consulté pour son expérience) : **le lendemain, tous les migrants tenteront leur chance**. Ils iront à **Ceuta** (une enclave espagnole au Maroc), afin de passer

une barrière qui fait entre trois et six mètres de haut : s'ils entrent en territoire espagnol, ils pourront être « **libres** » et auront atteint leur objectif. Tout le monde s'active pour fabriquer des échelles de fortune et ranger les affaires.

Puis, l'heure arrive. Tout le monde attend le signal d'Abdou, un des chefs. Vers deux heures du matin, Boubakar demande à Soleiman de lui promettre quelque chose : lorsque viendra le moment de courir pour traverser les deux barrières, il ne doit se préoccuper de personne, pas même de lui-même (sachant qu'il boite). Boubakar conseille à Soleiman de ne pas reculer.

Vient le « **temps de l'assaut** » (d'où le titre du chapitre). Abdou donne le signal. Les migrants se lèvent d'un coup, vers **3h du matin**, et se mettent à dévaler une colline.

500 hommes se précipitent contre la première barrière, alors qu'il y a seulement 15 gardes espagnols. En revanche, il y a des postes de police marocains le long de la première barrière. Les immigrés sont conscients qu'il faut que

« *certains échouent pour que les autres passent* », et en même temps ils ne pensent qu'à leur propre passage.

Soleiman arrive au niveau de la première barrière, avec des barbelés. Il grimpe mais son échelle est trop courte ; il lui reste un mètre de haut à franchir. Il s'accroche à la barrière pour grimper, et ne s'attarde pas sur les blessures que lui causent les barbelés. Arrivé au sommet, il se retourne et voit **Boubakar en difficulté**. Sans hésiter, il **se précipite pour l'aider.** Tous les deux vont grimper et sauter de l'autre côté. Ils ont les mains et les vêtements écorchés par les barbelés, mais ont presque atteint leur but. Encore une grille à franchir…

Chapitre XI : Le messager silencieux

Salvatore Piracci est **dans le car**, endormi. Tout à coup, le chauffeur s'arrête sur le bord de la route, au milieu de nulle part, pour **demander de l'argent** à certains passagers, dont Salvatore. Ce dernier lui donne ce qu'il a. Le chauffeur prend seulement une partie. Il reprend ensuite la route. Nous ne savons pas pourquoi il s'est arrêté soudain pour demander de l'argent, sans doute que c'est une « pratique ».

Le commandant se fait alors interroger par un passager sur son origine. En répondant « Europe », il suscite la **curiosité** de son interlocuteur et de ceux qui les entourent. C'est alors que d'autres questions surgissent à propos de cette Europe ; même le chauffeur écoute attentivement. Salvatore donne une **vision négative de l'Europe**. Déçus, les passagers cessent de l'interroger. Salvatore se promet à lui-même de ne plus répondre sur son origine ; désormais il se taira (d'où le titre du chapitre).

Deuxième arrêt. Le chauffeur **redemande de l'argent** aux passagers. Salvatore n'en a pas assez, il doit alors descendre pas loin d'un hameau. Il reste comme cela jusqu'à ce que le soleil se couche.

Dans la **nuit**, il remarque un groupe d'hommes autour d'un **feu de camp**. Il s'approche pour se réchauffer un peu. Un homme (malien ou ivoirien) parle au groupe en français. Il raconte l'histoire d'un certain « **dieu des émigrés** »,

« **Massambalo** », qui veille sur les hommes qui quittent leur terre pour une vie meilleure. Le « dieu Massambalo » envoie ses esprits silencieux, les « *ombres de Massambalo* », et si un homme en croise un, c'est un signe qu'il sera protégé par le « dieu ». Le commandant écoute ce qui est dit. Il ne croit pas à cette légende, et éprouve même du **dégoût** face à cette fausse histoire qui trompe les migrants. Dans le même temps, il **envie** les autres hommes qui y croient, car cela anime un certain **espoir** en eux.

Salvatore décide de se **retirer**. Il se questionne sur sa condition actuelle. Il se dit que finalement, la venue de la femme du *Vittoria* était faite pour qu'il se mette en route vers la **mort**. Depuis cet événement, il n'a fait que **mourir à petit feu**. S'il avait encore l'arme donné à la femme, tout aurait été facile à cet instant. Salvatore pense à se **suicider** et se demande alors comment faire. Il s'approche de l'arrière d'un camion, détache un **bidon d'essence** et s'en verse. Le problème, c'est qu'il n'a pas de feu. Soudain, il se rend compte qu'un homme se trouve à quelques pas de lui. L'homme le regarde d'un air surpris, presque apeuré. Salvatore lui demande alors des allumettes. L'homme recule, il s'éloigne de l'ex-commandant. Ce dernier finit par avoir la tête qui tourne et s'évanouit à cause de l'odeur de l'essence, mêlée à la fatigue et la faim.

Chapitre XII : Frères d'enfer

Soleiman et Boubakar se retrouvent entre les deux grilles. Des corps continuent à **tomber** de la première grille. Certains se **cassent une jambe**, une femme perd son bébé, des corps hurlent de souffrance. D'autres essaient de poser leur échelle au niveau de la deuxième grille, mais impossible de grimper. Les **policiers espagnols** arrivent avec leurs matraques et **tapent** dans le tas. Tout est bousculade, un tas de corps d'hommes. Tout à coup, Soleiman aperçoit un **trou au niveau des barbelés** de la deuxième grille, au ras de terre. Il montre cette faille à Boubakar. Sans réfléchir, ils rampent afin de traverser la barrière.

Boubakar se met sur le dos pour passer, et s'égratigne le torse. Au moment où Soleiman passe, un premier policier **lui donne un coup de matraque** sur l'épaule. Soleiman le **frappe** alors au visage. Soleiman essaie de progresser dans son avancée, mais il est tiré par ses pieds ; les gardes essaient de le retenir et lui redonnent des coups de matraque. Soudain, **Boubakar tire Soleiman de toutes ses forces** par les poignets. Au même moment, des migrants se jettent sur les policiers. Boubakar réussit à extirper Soleiman : **ils ont réussi**, après beaucoup de souffrances. Soleiman contemple une dernière fois le triste spectacle qu'il laisse derrière lui, et voit Boubakar en pleurs… Soleiman s'évanouit.

Après son réveil, quelques minutes plus tard, Soleiman se retrouve avec une centaines d'autres migrants et Boubakar. Ils sont **pris en charge** par ces même « *Blancs* », qui auparavant les empêchaient de franchir la frontière. Soleiman est étonné par l'attitude des policiers espagnols : eux qui luttaient contre lui et ses semblables sont maintenant tranquillement assis pas loin, à boire leur café ; « *Les démons s'apaisent en une fraction de seconde et viennent nous caresser la joue* ». Il a une **fracture** à la jambe ; Boubakar s'en sort avec des points de suture.

Soleiman repense à tout ce qu'ils ont traversé pour arriver en Europe. Lorsque Boubakar lui demande, justement, à quoi il pense, Soleiman répond : « *Nous avons traversé l'enfer* ». Boubakar confirme et ajoute que Soleiman **a eu le courage de rester son frère**, d'où le nom du chapitre. C'est un autre passage émouvant du roman. Soleiman se dit que s'il ne s'était pas retourné pour aider Boubakar, **il se serait perdu** et serait devenu « *une bête laide qui piétine ses frères* ». Par cette action, il s'est sauvé lui-même.

« *Tout commence maintenant* » pour les deux hommes. Soleiman repense aussi à l'homme qu'il a rencontré au marché de Ghardaïa, et à qui il a donné le collier de son frère Jamal. Il a les larmes aux yeux et pleure de joie.

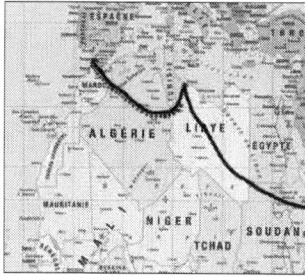

*Voici le chemin (approximatif) de **Soleiman**, qui est parti du Soudan, pour arriver à Ceuta (ville espagnole située au Maroc).*
*En pointillé, c'est le parcours de **Soleiman** en compagnie de **Boubakar**.*

Chapitre XIII : L'ombre de Massambalo

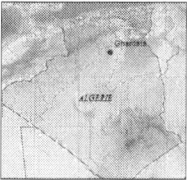

Nous retrouvons Salvatore à **Ghardaïa**, en pleine après-midi de chaleur. Les hommes qui l'ont retrouvé évanoui lui ont donné à manger, ont lavé ses vêtements et l'ont conduit à cette ville, suite à sa demande. Il est assis à côté de **marchands**.

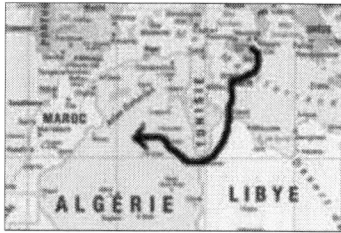

Trajet approximatif de Salvatore Piracci, qui part de Sicile pour terminer son voyage en Algérie

Tout à coup, il se rend compte qu'un jeune homme le fixe du regard. Après un petit moment, le jeune homme s'approche, s'accroupit et lui demande « *Massambalo ?* ». Salvatore se souvient de ce nom : d'après l'histoire de l'homme au feu de camp, des **ombres de Massambalo** veillent sur les voyageurs. Le jeune homme croit que Salvatore est une de ces ombres de Massambalo. Ce jeune migrant a le même regard de détermination que la femme du *Vittoria*. Il **interroge trois fois** Salvatore, avant que celui-ci n'acquiesce de la tête après hésitation. L'ex-commandant veut **maintenir l'espoir** chez ce dernier qui rêve d'un avenir meilleur à l'étranger. Heureux, le jeune migrant fait une offrande, comme le veut la tradition : il donne à Salvatore un **collier de perles vertes**.

Nous comprenons que l'homme qui donne le collier n'est autre que Soleiman : il a donné en « **offrande** » le collier de son frère Jamal. Rassuré, Soleiman s'en va continuer son périple.

Salvatore sent qu'il a **rempli son devoir**. Il sait aussi que l'Eldorado n'est pas ce qu'il recherche. En réalité, il veut **disparaître** du monde. Maintenant, il doit quitter Ghardaïa car d'après la coutume, l'ombre de Massambalo ne doit être aperçue qu'une seule fois pour un même voyageur. Dans la **nuit**, il se met à marcher, pensif. Il se donne un nouvel objectif : **être une ombre qui encourage les voyageurs en quête de l'Eldorado**. Il choisit au hasard une route et marche.

À un moment donné, il décide de traverser la route en pensant qu'il serait plus facile de marcher de l'autre côté. Il ne se rend pas compte qu'un camion approche en pleine vitesse. Il s'en aperçoit trop tard ; c'est le **choc**. Salvatore est projeté et s'évanouit. Quelques instants plus tard, il se réveille et sent des corps qui l'entourent. Il repense à sa frégate, à ce jeune homme qui lui a donné le collier. Il se dit que l'ombre de Massambalo doit disparaître, à présent.

Les hommes qui l'entourent sont peut-être des voyageurs qui rêvent d'un Eldorado en Europe. Salvatore leur dit de **partir** : ils n'ont pas de temps à perdre et doivent essayer d'atteindre l'Eldorado.

Salvatore décède au bord de la route. Les perles du collier de Jamal sont éparpillées autour de lui, donnant l'impression d'un « **tombeau ouvert** ».

Aspects littéraires de l'œuvre

Un roman de réflexion et d'action

Le roman se veut assez **philosophique** : on réfléchit sur la **condition humaine**, et les **difficultés** vécues par les moins favorisés. Ainsi, l'histoire se penche beaucoup sur le **ressenti** des personnages.

Néanmoins, quelques passages sont plus **mouvementés**. Dans le chapitre de l'assaut (chap. X) et de l'entrée en Espagne (chap. XII), il y a beaucoup d'action. On a l'impression de vivre la traversée de la frontière avec les personnages, ce qui rend le **récit palpitant**. Les deux **scènes de combat** sont également fortes.

Un roman d'apprentissage

« Eldorado » peut être vu comme un vrai **roman d'apprentissage**[1].
Les personnages vont beaucoup évoluer :

- Le commandant **Salvatore** vivait dans son train-train quotidien, sans but réel. L'arrivée de la femme va **bouleverser sa vie**. Il ne comprend plus le sens de sa vie. Ensuite, l'épisode du migrant refoulé et rejeté va le marquer. Il se **remet en question** et **regrette** son inaction. Plus tard, le passage du cimetière le fera **réfléchir** sur sa condition. Il va quitter son poste de commandant et va partir en simple barque en bois. Paradoxalement, alors que la **condition matérielle de Salvatore s'est dégradée** (il est pauvre et maigre), il s'est **libéré de sa prison mentale** et se trouve une **nouvelle raison de vivre**, en faisant semblant d'être l'esprit de Massambalo, qui **protège** et **conseille** les migrants. On voit un **contraste** : matériellement, Salvatore passe de l'abondance à la pauvreté, mais spirituellement, il s'est **libéré de ses chaînes, et s'est échappé de sa prison dorée**. Cette évasion se termine par la **mort**, qui est une autre libération.

---

[1] Aussi appelé roman de formation, ou d'éducation, le roman d'apprentissage est un roman dans lequel le personnage évolue et mûrit, au travers d'expériences, d'épreuves et de difficultés.

- Le migrant Soleiman va **grandir** : au départ, il est **enthousiaste** et **heureux** de partir avec son frère. Puis, il a le **cœur brisé** quand son frère doit abandonner le voyage vers l'Europe. Après, il **reprend espoir** avec Boubakar. Il va alors se **confronter à la violence** en frappant l'Algérien et se sent **souillé et laid**. Ensuite, il vit l'extrême pauvreté en **faisant la manche**. Enfin, il goûte à la **libération**, en entrant en Espagne après de **grandes souffrances**. Il se sent **digne** pour avoir aidé son ami Boubakar à passer la frontière, qui devient un « **frère** ». Cette épopée a fait grandir Soleiman, et il est prêt pour un **nouveau départ**.

- Le migrant vagabond, Boubakar, partagera l'épanouissement de Soleiman. Grâce à l'aide de son ami, Boubakar sort enfin de **sept années d'errance**. Lui aussi fera **face à la méchanceté** des hommes, et on comprend qu'il a également commis de mauvais actes. Il va partager les **souffrances** et les **joies** de son acolyte Soleiman, et va connaître la **délivrance** en franchissant la frontière entre le Maroc et l'Espagne avec Soleiman.

Les histoires croisées

Le roman s'intègre dans les romans modernes, qui recourent souvent aux **histoires croisées** : on détaille la vie de différents personnages, à part. Et, à un moment de l'histoire, ces personnages partagent un moment de vie.

Ainsi, **les chapitres alternent** : un chapitre consacré à Salvatore Piracci et son histoire, puis un autre chapitre autour de Soleiman, et ainsi de suite.

C'est le cas de deux personnages : **Soleiman rencontre Salvatore Piracci** dans la ville de Ghardaïa. Ces deux personnages ont des trajectoires opposées : Soleiman part de l'Afrique vers l'Europe, alors que Salvatore part de l'Europe vers l'Afrique. La rencontre des deux marque une **étape ultime** dans leur vie : après cet épisode, Soleiman **atteint son but**, alors que Salvatore va **mourir**.

Un roman atypique

Certains aspects du roman sont assez **originaux**.

• D'abord, certains personnages **apparaissent une fois, puis disparaissent complètement**. Ainsi, on ne sait pas ce qu'il advient de la femme anonyme du début, ni du devenir du malfrat Hussein Marouk. C'est **original** et assez **déroutant** : ces personnages, à première vue importants, vont finalement se volatiliser, pour laisser place à d'autres gens (on suivra les aventures des migrants, et non pas celles de la femme). Cela **enrichit le récit** car le lecteur peut s'imaginer que le roman tournera autour de la vengeance de la femme, et il sera **surpris** que cela ne soit pas le cas.

• La **structure** est originale : on assiste à **deux histoires parallèles**. Ces histoires vont se croiser à la fin du roman, mais pas directement. D'abord on aura le point de vue de Salvatore, qui croise un inconnu et se voit remettre un collier vert. Puis, on a le récit de Soleiman, qui voit un « esprit » de Massambalo (Salvatore), et lui remet le collier. On comprend alors que les deux personnages clés du roman se sont **croisés une fois dans leur vie**, pour ensuite se **séparer**.[2]

• La conclusion du roman **déstabilise** : Salvatore Piracci, rescapé de sa tentative de suicide, se fait finalement renverser et tuer par un camion. C'est assez **frustrant**, car on espérait vivre la suite de ses aventures… mais **tout s'arrête soudainement**. Cela **casse les codes du roman**, car on s'attend souvent à une conclusion claire, qui pourrait répondre à des questions. Ici, on a un goût d'**inachevé**, d'autant plus qu'on ne connaît pas l'avenir de Soleiman ni celui d'Aboubakar, et encore moins celui de la femme vengeresse, d'Hussein Marouk, de Jamal ou d'Angelo. Ceci rappelle nos vies, où on **croise** des gens, et où l'**on en suit certains** et on en **perd de vue** d'autres.

---

[2] Laurent Gaudé a d'ailleurs confié avoir **beaucoup travaillé sur la structure du roman**, pour lui donner une dynamique particulière (émission *Des mots de minuit*, 8 novembre 2006).

Une originalité narrative

Parmi les aspects singuliers de l'œuvre, une **grande originalité** mérite d'être mentionnée : celle de la **double narration**. Les deux histoires, celles de Salvatore Piracci et Soleiman, sont narrées **différemment** :

- L'histoire de Salvatore Piracci est à la **3ème personne** du singulier, souvent au **passé**. Le point de vue est ici **omniscient** : on connaît les pensées et sentiments des autres personnages, ainsi que d'autres détails échappant à Salvatore.

- L'histoire de Soleiman est à la **1ère personne** du singulier et du pluriel. Ici, le point de vue est **interne** : on vit l'aventure des yeux du jeune homme.

Cette double narration permettre de **rompre la monotonie** du récit. C'est comme s'il y avait deux histoires en une seule. Elle rend l'intrigue **captivante**.

Ce choix est logique : Salvatore Piracci paraît **introverti** et **moins proche** du lecteur, il a déjà un passé, il vit une histoire plus **sombre** et semble **pessimiste**. Salvatore vit un chemin essentiellement **solitaire**, il semble être un **ermite** dans une quête personnelle et isolée. La 3ème personne renforce donc ce **sentiment d'éloignement**.

Soleiman en revanche est **jeune** et **plein de vie**, il est à la poursuite d'un idéal : s'en sortir en atteignant l'Europe. On peut davantage **s'identifier à lui**, surtout si le lecteur est jeune lui-même. L'usage de la 1ère personne favorise cette proximité, tandis que le « nous » souvent utilisé renforce l'attachement du lecteur. Le lecteur peut même penser qu'il est vraiment **avec** Soleiman, et se sent donc inclus dans le « nous ». Cet usage montre aussi que **Soleiman n'est pas seul** : il est accompagné par Jamal, puis Boubakar, puis par « l'esprit » de Massambalo.

L'emprise de l'humidité et l'obscurité sur le roman

Dans le livre, on retrouve souvent des **champs lexicaux** autour de l'**ombre**, du **sinistre**, de l'**humidité**. Le ton lugubre est présent **dès le début** du roman : on vit un **épisode tragique**, avec le **voyage catastrophique** de la femme vers l'Europe, qui conduira à la mort du bébé et de nombreux autres migrants.

Les « **ombres** » semblent omniprésentes. Elles représentent par exemple l'**ombre de la femme** au début du roman. Soleiman se considère aussi comme une **ombre**, dans le chapitre IV du roman, et les autres migrants sont également décrits comme des ombres (chap. V). **L'Etna**, volcan sicilien, est également une « ombre ». De même, les **esprits** du « dieu des migrants » Massambalo sont aussi appelés des « ombres ».

Les champs lexicaux **accompagnent l'intrigue sombre** ; beaucoup de mots utilisés dans le roman sont connotés négativement, comme « *cataclysme* », « *cauchemar* », « *enterrer* » … De plus, les scènes ont souvent lieu la **nuit** ou au **crépuscule**, dans une **ambiance inquiétante et tendue** (sauvetage des immigrés par la marine italienne, perte des autres migrants pendant la tempête, rencontres à Al-Zuwarah, assaut des migrants sur le territoire espagnol de Ceuta, mort de Piracci renversé par un camion en pleine nuit). Cela donne l'impression de vivre l'exil, **on se plonge réellement dans l'atmosphère** du voyage.

Des animaux pour seuls témoins

Les migrants sont ignorés ou manipulés pendant le roman, et il semble que seuls les **animaux leur accordent de l'attention**. On voit ainsi, tour à tour, des « *oiseaux* invisibles », « *lézards* », « *chien* imbécile », « *vache* », ... Ils sont parfois personnalisés, comme les lézards qui s'immobilisent lorsque Jamal va annoncer sa séparation à Soleiman, ou encore les oiseaux qui rient des policiers marocains (qui ne trouveront pas les immigrants dans leur camp, ceux-ci ayant pris d'assaut la frontière). Ils semblent être les **témoins** de ces hommes d'infortune, que tout le monde oublie.

La présence sournoise de la mort et de la peur

La **mort** est également omniprésente ; elle se rappelle constamment au lecteur, dès le début du livre. Les différents chapitres sont émaillés par ce thème.

Chapitre I : mort du bébé ; **chapitre II** : mort du père ; **chapitre III** : mort de la femme envisagée, mort de migrants ; **chapitre IV** : mort lente de Jamal ; **chapitre V** : cimetière de Lampedusa... Les mots « *tombeau ouvert* » sont présents au chapitre II du roman, et à la toute fin.

De même, la **peur** habite les hommes, c'est un autre mauvais compagnon des migrants : « *la peur qui ne nous quitte plus* ». L'**urgence** est également présente (Chap. VIII), qui contraste avec la vie molle avant le départ.

La déchirure de l'exil

Le texte reflète bien les **souffrances de l'exil**. On **abandonne sa vie d'avant**. Dans le chapitre II, on ressent la douleur des deux frères. Chaque action qu'ils font est considérée comme étant **la dernière** dans leur pays ; « *c'est la dernière fois que je m'extrais de ce vieux fauteuil* », « *tout ce qui passe sous mes yeux y passe pour la dernière fois* ». On en vient même à un **adieu** à une vie, « *comme c'est étrange de dire adieu à sa vie* ».

L'auteur utilise les **différents sens** (vue, ouïe, odorat...) pour caractériser cette cassure : « *la poussière soulevée par les embouteillages est encore chaude du soleil de la journée* », « *je sais que nous partirons cette nuit. Je l'ai compris à son regard* », « *je laisse les bruits et les odeurs m'envahir* », « *le vent de dehors nous caressait la peau* », « *ce goût-là va nous manquer* » (en parlant des dattes). Même le bruit que fait leur porte d'entrée se rapporte à la tristesse ou la fatigue et crée une nostalgie : « *le bruit que fait la porte d'entrée lorsqu'elle s'ouvre en soupirant* ».

Pour garder le moral pendant ces difficultés, les personnages ont parfois des **objets symboliques**, comme le **collier vert** : ce collier symbolise la fraternité entre Soleiman et Jamal. En le donnant à Salvatore Piracci (l'ancien commandant devenu « esprit »), Soleiman indique qu'il **tourne la page** et fait le deuil de son passé, pour se projeter vers l'avenir.

Une entreprise monstrueuse, des hommes broyés

Le roman donne une image **abominable** du trafic d'êtres humains, qui paraît **monstrueux**. Dans le chapitre I par exemple, le bateau est comparé à un « *monstre endormi* ». Les migrants, eux, sont comparés à des charges déposées par la bête : « *déposant leur chargement humain* ».

On voit aussi que l'exil en lui-même transforme les hommes : ils sont **préoccupés par leur survie**, et se soucient peu des autres (exemple : le camion part sans Ahmed, bien que des passagers se soient aperçus de son absence). Ces hommes **perdent de leur dignité**, comme Soleiman qui frappe Ahmed : ils ne font pas partie des « *hommes qui vivent aisément* », mais de la « *communauté des hommes déchus* ».

Des personnages complexes, avec leurs forces et faiblesses

Les personnages de ce roman ont des **facettes multiples**, et ont des **imperfections**. Salvatore, par exemple, n'a pas toutes les caractéristiques du héros, il peut même être un **antihéros**[3]. En revanche, Boubakar et surtout Soleiman sont plus proches de la figure du **héros**.

- Certains personnages semblent assez mauvais, comme la **reine d'Al-Zuwarah**. Ce surnom est **ironique**, car le mot « **reine** » est un peu déplacé pour désigner cette femme, qui règne sur un commerce illégal et immoral (c'est une *antiphrase*, car le mot utilisé est positif, mais il est ironique et sous-entend le contraire de son vrai sens). La reine d'Al-Zuwarah représente le **miroir maléfique** de Salvatore. Toutefois, elle n'est pas perverse mais plutôt **opportuniste** : il existe une demande des migrants, elle ne fait qu'y répondre. De plus, elle montre **beaucoup plus de sérieux** que d'autres passeurs très véreux. Elle n'est donc pas tout à fait mauvaise.

- **Salvatore**, lui, représente de **bonnes valeurs**. Après sa remise en question, il incarne l'**empathie** (envers la femme, puis les migrants). Son

---

[3] Un antihéros ne possède pas les caractéristiques traditionnelles d'un héros, par exemple le courage, la force, l'honnêteté…

impuissance le blesse profondément. Suite à son départ d'Europe, il devient le **conseiller** des migrants (pour qu'ils renoncent à leur rêve d'Europe) et ensuite leur **bon esprit** (puisqu'on le prend pour un esprit de Massambalo).

Toutefois, c'est un personnage **imprévisible** et **ambigu**. Il est assez **pessimiste** et **perd espoir**. Il est **tenté par le mal**, en hésitant à accepter l'offre de la « reine », qui l'invite à la richesse et au pouvoir… il **frappe** aussi un autre homme de la police, et tente de se **suicider**.

Il symbolise le **repenti tourmenté** : il **se remet en question** (comme quand il hésite à libérer le migrant capturé), **regrette son passé** (son action permettait de renvoyer les immigrés). Il **n'arrive pas à oublier** sa vie d'avant. On le sent **malheureux**. Il ne parvient plus à donner un sens à sa vie.

Sa fin est brutale et ne répond pas à ses questions existentielles : on s'attendait à ce que Salvatore continue d'aider les migrants et trouve un sens à sa vie, mais après avoir été rescapé du suicide, **il meurt soudainement**, dans l'anonymat et l'indifférence, « *disloqué* » par un camion. Il y a un goût d'inachevé, mais on **admire cet homme** qui a tout quitté pour fuir sa vie dénuée de sens.

- Soleiman est un personnage **plus positif**. Malgré tout, il a aussi des **fragilités** : lorsque son frère tombe malade, il pense à **tout arrêter**. C'est Boubakar puis Salvatore qui lui donneront la force de continuer. Malgré les épreuves, Soleiman va rester **enthousiaste** et **optimiste**. Néanmoins, lui aussi a des **zones d'ombre** : ainsi, il va obéir à sa pulsion de violence, de « *rage* », et va frapper Ahmed l'Algérien, pour lui prendre son argent. Suite à son agression, il pense même : « *je suis une bête* ». Il regrette ensuite son méfait. Ces noirceurs sont toutefois éclipsées par sa **générosité** (il donne de l'argent volé à Boubakar), et surtout par son **comportement héroïque**, lorsqu'il aide Boubakar à franchir la frontière espagnole.

- Boubakar incarne le **guide**, l'**aide**, le **soutien inattendu**. Il fait preuve d'**abnégation** en ne cherchant pas à ce que Soleiman l'aide. Il apporte à Soleiman une **aide capitale** pour passer la frontière. Néanmoins, au chapitre VIII, on comprend que Boubakar a très certainement **commis des méfaits**, au cours de ses sept années d'errance. La gentillesse dont il fait preuve envers Soleiman est peut-être un moyen de racheter ses « *laideurs intimes* ».

⇨ Pour résumer, les personnages sont complexes, avec de bons et mauvais côtés. Ils se **remettent beaucoup en question**. Cela leur donne de la **profondeur** et **enrichit le roman**.

Une épopée mythologique

Le roman paraît presque *épique*[4].

Au chapitre IV, Soleiman doit quitter son frère Jamal : c'est un **déchirement** qui rappelle le **voyage initiatique du héros** : ce thème revient souvent dans la littérature. Il met en scène un héros qui doit souvent quitter ses proches pour commencer sa nouvelle vie.

Les voyages difficiles de Salvatore, Soleiman, Jamal et Boubakar font penser au célèbre ouvrage d'Homère, **l'Odyssée**. Dans cet ouvrage (écrit vers 850 avant J.-C.), on suit le voyage difficile d'Ulysse, qui revient de la guerre de Troie vers son pays natal. L'Odyssée d'Homère aborde la mythologie grecque, puisque des divinités et personnages mythologiques interviennent (Poséidon, Calypso, Nausicaa, les Cyclopes…), et Ulysse vivra de très nombreuses aventures.

Ici, on vit le **périple de personnages différents**, avec des **luttes**, des **joies** et des **tristesses**. De plus, ces histoires se passent autour de la Mer Méditerranée, comme dans l'Odyssée.

L'apparition de Boubakar au chapitre VI marque l'arrivée presque **miraculeuse** d'un grand soutien pour Soleiman. Il symbolise l'**aide providentielle**, quasi divine, pour soutenir un homme en détresse. Boubakar et Soleiman s'aideront jusqu'au bout malgré les risques,

---

[4] L'épopée est un genre littéraire qui raconte les exploits de héros historiques ou légendaires.

symbole d'une **profonde amitié qui peut aller jusqu'au sacrifice**. En ce sens, c'est une attitude **héroïque**, qui rentre dans le thème de l'épopée.

L'aide que ces deux « frères » s'apportent réciproquement illustre une forme de **repentance** et d'**expiation des péchés** afin d'obtenir le **pardon** : pour racheter leurs erreurs, ils ont dû faire preuve de bonté, en aidant leur prochain.

Les deux personnages boiteux, Soleiman et Boubakar, rappellent le mythe de « l'**illustre boiteux** » ; le boiteux est une figure qui revient dans certains textes, notamment des textes antiques (l'Odyssée et l'Illiade d'Homère, par exemple). Ainsi, certains dieux de la mythologie grecque étaient **boiteux** : **Héphaïstos** surtout (dieu du feu et des forgerons), mais aussi Dionysos et Harpocrate. Le diable est parfois, lui aussi, symbolisé comme un être boiteux.

L'exemple de la « femme » du début, à qui Salvatore donne l'arme, fait penser à la **boîte de Pandore** : Pandore est une femme envoyée par Zeus,

pour punir Prométhée d'avoir volé le feu des dieux et de l'avoir donné aux hommes. En ouvrant la boîte qu'on lui a donnée, Pandore va répandre les malheurs sur toute l'humanité. Cela fait penser à l'arrivée de cette femme, qui va bouleverser la vie de Salvatore, pour finalement le conduire à la mort.

Le « dieu Massambalo », censé protéger les migrants, offre également une tonalité **mystique**, **surnaturelle**, au roman. Salvatore Piracci, qui est perdu, se trouve une **mission** en étant considéré comme un **esprit de Massambalo envoyé pour aider les migrants**. Cette intervention amène aussi à se poser la question de **Dieu** ; on voit parfois que Dieu est mentionné, comme lorsque Soleiman « *remercie le ciel* » après l'agression, lorsque la reine d'Al-Zuwarah menace Salvatore (« *Dieu seul sait ce qui pourra t'arriver* ») ou alors Boubakar qui dit « *si Dieu le veut* » avant le passage de la frontière. Néanmoins, il semble que l'auteur se détache de cette croyance, il ne paraît pas y accorder beaucoup de crédit (voir le texte après le passage de la frontière).

44

En outre, l'**effort** de l'homme pour une vie meilleure, sans jamais vraiment arriver à un point de stabilité, rappelle le **mythe de Sisyphe** (repris notamment par Albert Camus) ; **Sisyphe** est un personnage mythique qui doit transporter une pierre en haut d'une montagne, mais lorsqu'il est presque arrivé, la pierre lui échappe et redescend. Il doit alors **recommencer son travail**, encore et encore. Cela représente l'homme, qui est en **lutte constante et interminable** (comme les personnages du livre).

Ainsi, le roman a une **touche surnaturelle**, **quasi mythologique**, ce qui lui donne une certaine épaisseur.

Contexte de l'œuvre

L'immigration : une question d'actualité

L'**immigration** est au cœur des débats depuis des décennies. Le problème s'est intensifié depuis les événements récents qui secouent le Proche et Moyen Orient : le « **Printemps Arabe** »[5] a bouleversé la donne politique, et des guerres ont frappé ou continuent de faire des victimes : Guerre de Syrie (2011 à aujourd'hui), intervention militaire de 2011 contre la Libye puis guerre civile, soulèvements en Tunisie et Maroc...

Ces conflits irradient dans toute la région méditerranéenne, et Eldorado en est un exemple : les personnages ont des **origines variées** : des garde-côtes italiens, des migrants soudanais, la dirigeante libyenne, le malfrat libanais... Toutes ces personnes, qui sont issus de la **classe défavorisée** ou de la **classe moyenne**, vivent des moments difficiles, peu importe leur nationalité.

---

[5] Il s'agit de contestations populaires contre le pouvoir, qui se sont produites dès la fin 2010

« Eldorado » aborde la question des **frontières**, et plus particulièrement, **l'anomalie des territoires espagnols du Maroc** : **Ceuta** et **Melilla**. Ces deux villes d'environ 85 000 habitants chacune font moins de 20 km², et cristallisent les

tensions. En effet, ces territoires espagnols depuis la fin du XVème siècle - XVIème siècle sont aujourd'hui au cœur du problème migratoire : si un étranger pose le sol sur ce territoire, il est **sur le sol européen**, bien qu'il soit encore sur le continent africain. C'est donc l'**objectif** pour les migrants africains qui veulent aller en Europe. Les territoires ont des **murs** de six mètres de haut.

Le livre met aussi en relief un **scandale** qui existe toujours : le **trafic d'êtres humains**, notamment le **trafic de clandestins** avec son réseau de **passeurs**. Les passeurs, et leurs chefs, demandent beaucoup d'argent aux migrants pour les transporter en Europe. Beaucoup ne **remplissent pas leurs promesses** et **abandonnent** les migrants en cours de route (on le voit dans le roman : presque tous les personnages en sont victimes).

Fin 2017, un autre scandale a éclaté : il y aurait un **trafic d'esclaves** en Libye. Des migrants seraient vendus à des personnes comme esclaves, contre des sommes d'argent. Ce problème, qui n'est pas abordé dans « Eldorado », s'ajoute aux nombreux soucis qui existent déjà.

Au niveau international, on peut aussi songer à la question migratoire qui se pose aussi aux **États-Unis**. Cela renvoie au projet de **mur de séparation** défendu par le président américain Donald Trump, en vue de bloquer l'accès aux migrants sud-américains, et notamment les immigrés mexicains.

En mars 2018, des **manifestations violentes** ont lieu à Madrid (Espagne), suite au décès d'un vendeur à la sauvette sénégalais. Ce dernier était poursuivi par la police et a succombé d'une crise cardiaque. Fin 2018, c'est une caravane de 7000 migrants honduriens en direction des Etats-Unis qui marque l'actualité. Tous ces événements témoignent que la question migratoire reste brûlante.

Enseignements de l'œuvre, perspectives

Donner un visage humain aux problèmes d'actualité

« Eldorado » est un livre fort, car il permet à tout individu de se plonger dans la vie de personnages sujets à de **grandes épreuves**. En même temps, ils paraissent **proches** de nous. On arrive à se mettre **à la place des personnages**, et cela nous amène à réfléchir à leur condition et à la nôtre.

Nous vivons un **contraste** : pour nous, Occidentaux, le voyage est agréable, il est synonyme de vacances, joie, soleil, amusement, détente. Pour les migrants, le voyage est synonyme de **danger, peur, violence et souffrance**, parfois même de **mort**.

Le roman de Laurent Gaudé nous permet donc de prendre du **recul sur notre mode de vie**, et **mieux comprendre** le sort des populations en exil. Cette œuvre donne aussi des noms aux milliers de visages qu'on peut voir à la télévision ou sur internet, et qui fuient leurs pays.

La pression de l'argent

Un des enseignements de l'œuvre est de refléter ce **souci constant de l'homme par rapport à l'argent**. Les personnages sont préoccupés par cela : les immigrés ont **besoin d'argent** pour payer les passeurs (Soleiman et Boubakar, la femme ayant perdu son bébé…), Salvatore doit aussi donner de l'argent lors de son voyage en car, et il est abandonné car il en manque ; la reine d'Al-Zuwarah aime l'argent et abandonne la moralité… l'argent conduira même un homme « bon » à se montrer violent (Souleiman qui frappe l'Algérien, Ahmed, pour le détrousser). Les problèmes matériels réveillent ainsi les **pires instincts**.

La solitude des hommes

Un des aspects frappants de ce roman, est la **quasi absence de femmes et d'enfants**. Nous voyons des hommes livrés à eux-mêmes, face à la dureté d'autres hommes…

Ainsi, Salvatore Piracci est **divorcé** et n'a pas d'**enfant**. Soleiman et Jamal perdent la **présence maternelle**, en émigrant vers l'Europe, et ils sont livrés à eux-mêmes. Boubakar n'a semble-t-il aucun proche de sa famille.

La femme importante du roman, celle qui a perdu son bébé, disparaît mais elle **hante la pensée** de Salvatore, tout au long du roman. L'autre femme (la reine) est plutôt malfaisante, elle semble être une mante religieuse[6], méprisant les hommes. Elle ne réconforte pas Salvatore. **Chacun doit donc « porter sa croix »**, vivre ses épreuves, avec le succès ou l'échec au bout…

---

[6] Nous employons cette métaphore car il arrive, dans la nature, que la mante religieuse dévore son partenaire après la reproduction. La reine d'Al-Zuwarah représente la femme sans pitié, seulement intéressée par l'argent.

Le combat des hommes

Le roman illustre les combats qui doivent mener les hommes, au cours de leur vie. Ils doivent se battre :

- **Physiquement** : ils se battent contre d'autres hommes (Soleiman tabasse Ahmad, Piracci frappe un autre commandant de navire).
- **Mentalement ou psychologiquement** : Salvatore lutte avec son passé douloureux et veut l'oublier, tandis que Jamal doit lutter contre sa maladie et souffre de la séparation avec son frère Soleiman.

Derrière la dureté des hommes, l'espoir

Malgré les tristesses vécues dans « Eldorado », on découvre des **lueurs d'espoir**. Le comportement de Soleiman et Boubakar est **exceptionnel** : au départ, ils s'unissent pour **survivre individuellement**, mais finalement, ils **s'entraident** et risquent leur vie pour se secourir.

Le comportement de Salvatore est dans le fond, très pur : malgré son état dépressif, Salvatore a **beaucoup de compassion** pour les migrants perdus, et **souhaite les aider**. Il montre qu'on peut **regretter ses erreurs** et vouloir **changer pour le mieux**.

Le nomade par choix, le nomade par dépit

Ce départ nous pousse à faire un parallèle entre **deux types de voyageurs**. L'un choisit son voyage sans contrainte, l'autre voyage car c'est la seule solution pour une vie meilleure.

🚻 **Le voyage qu'on choisit** : ce sont les personnes qui peuvent se payer leur déplacement et un futur gîte. Les **occidentaux** voyagent assez facilement, avec un **passeport** qui leur ouvre beaucoup de portes. On peut également penser aux **étudiants** Erasmus, qui peuvent suivre des cours au sein d'universités étrangères. On peut aussi citer, comme dans le roman, les **commerçants** et habitants, qui empruntent parfois les mêmes convois que les migrants (comme Ahmed l'Algérien).

✝ **Le voyage qu'on subit** : pour d'autres, le voyage est semé d'embûches. Ils n'ont pas la liberté de mouvement. Les immigrés voyagent souvent à contrecœur, dans la **douleur**, la **difficulté** et la **clandestinité** (ils doivent se cacher). Ils sont à la merci de **passeurs sans pitié**. Même arrivés, ils risquent de se faire renvoyer car ils sont **sans papiers**. Leur voyage est **sans retour**, et la mort est une fin possible.

Salvatore symbolise le voyage de l'occidental, qui vit en Europe et qui **veut s'en éloigner**. Les choses sont initialement **plus faciles** pour lui. Néanmoins, en brûlant sa carte d'identité, **il épouse le sort des migrants** et efface son rattachement à l'Occident. Il **perd ses facilités** de voyage.

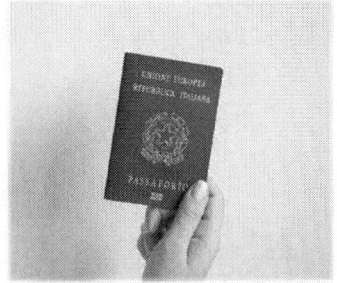

Soleiman, Boubakar et les autres migrants symbolisent les voyageurs en **difficulté**. Ils vivaient dans leurs pays d'origine (essentiellement en Afrique) et **rêvent d'aller en Europe**. Ils laissent derrière eux des proches qu'ils aiment et qu'ils ne reverront peut-être jamais. Le voyage n'est pas un loisir, c'est une **contrainte** qui occasionne de **nombreuses douleurs**.

Les problèmes après l'Eldorado

Le roman n'aborde pas la **vie après l'émigration**, mais on peut imaginer que **d'autres difficultés** attendent les jeunes Soleiman et Boubakar, après avoir mis le pied en Espagne.

En effet, il ne faut pas oublier que l'arrivée dans « l'Eldorado » ne signifie pas, pour les migrants, la fin des problèmes : souvent, c'est une **vie difficile** qui attend les migrants (comme on le voit avec les regroupements de migrants dans la ville française de **Calais** ou plus récemment au camp de Grande-Synthe, évacué en octobre 2018). Ils doivent généralement vivre de **petits boulots**, dans une **situation précaire** (car ils sont souvent sans papiers et risquent l'expulsion).

Après l'arrivée en Europe, la vie des migrants reste souvent précaire et difficile.

Il existe aussi des **difficultés familiales** : l'œuvre aborde, dans le chapitre II, l'écart qui peut exister entre **les migrants et leurs enfants**. Ainsi, les **enfants** peuvent se sentir en décalage avec leurs parents, qui ne maîtrisent pas la **langue** et les **codes** de leur pays d'accueil. On observe effectivement que certains enfants d'immigrés dédaignent la culture de leurs parents, en voulant « s'intégrer ».

Parfois aussi, les migrants sont **séparés de leurs parents et/ou leur conjoint(e)** ; ils ne les reverront pas pendant les années (voire plus jamais). La séparation est généralement très dure (cf. chapitre II).

Un manifeste pour sensibiliser la société

En définitive, Eldorado est un **manifeste**[7] qui doit alerter la population et les hommes politiques, afin de régler les problématiques liées à l'immigration clandestine. Des **milliers d'hommes ont perdu la vie** à cause des naufrages de bateaux, des violences, ou de l'extrême pauvreté. La **guerre** et les **problèmes politiques** continuent d'aggraver la situation. Malheureusement, aucune solution n'a été apportée à ces sujets difficiles depuis la sortie du livre.

---

[7] Un manifeste est généralement une proclamation destinée à attirer l'attention du public sur un sujet particulier, pour le sensibiliser et l'alerter.

Ressources complémentaires en lien avec l'œuvre

Le roman fait penser à L'*Alchimiste* de Paulo Coelho. Le héros est un jeune berger qui va faire un **grand voyage**, à la quête d'un **trésor caché** sous les pieds du Sphinx d'Égypte. Ce périple sera l'occasion d'innombrables **aventures** en Andalousie et en Afrique du Nord, qui vont l'aider à **s'épanouir** et à réaliser sa « **légende personnelle** ». Il comprendra que l'objectif est important, mais qu'il ne faut pas perdre de vue le chemin en lui-même. Il est important de profiter des **expériences** qu'on vit au jour le jour.

On peut étudier en parallèle le roman *La vie devant soi*, œuvre d'Emile Ajar (nom d'emprunt de Romain Gary). Ce roman raconte l'histoire de Momo, jeune musulman des faubourgs de Paris, élevé dans une pension clandestine par une dame juive. Cette femme, grosse et âgée, est une ancienne prostituée qui recueille les **enfants abandonnés** dans sa maison rue Blondel, situé au cœur du quartier (mal famé) de Belleville. On suit l'aventure de populations défavorisées et d'étrangers exilés, qui vivent dans un **quartier pauvre** de Paris. Ils ont des **nationalités très différentes**. Malgré les **difficultés** de la vie, la **rudesse** des gens et la **pauvreté**, on observe beaucoup de **générosité**, de **solidarité** et de **fraternité** entre les gens.

Le thème de « **l'émigré errant** » renvoie aussi au *Voyage au bout de la nuit*, où le personnage principal suit une **quête sans but** comme Salvatore. Dans ce roman de Louis-Ferdinand Céline, l'antihéros Bardamu va parcourir des pays différents et vivre des **moments difficiles** voire atroces. Ainsi, il vivra les combats affreux de la Première Guerre mondiale, la dureté du colonialisme, mais aussi l'ennui mortel du travail à la chaîne et la pauvreté de la banlieue parisienne. Là encore, comme Salvatore, le personnage va **errer** à travers différents pays, dévoiler certaines horreurs et absurdités commises par les hommes, et donner une **vision pessimiste** de la vie.

Fiche de lecture illustrée : « Eldorado »

Présentation des auteurs

Frédéric Lippold est diplômé des Universités Paris I, Paris II et Paris V ; il est titulaire d'une maîtrise en droit des affaires et de deux master 2.

Il est également diplômé de l'École de formation professionnelle des barreaux de la cour d'appel de Paris (promotion 2013), et titulaire du CAPA (certificat d'aptitude à la profession d'avocat).

Après plusieurs années de cours particuliers, il a exercé en tant qu'enseignant dans différentes structures : collège, lycée et associations.

Il a enseigné le français et les lettres-histoires, ainsi que des langues étrangères. Il est aujourd'hui professeur de français.

Chaïma Zoraï est titulaire d'un master 2 de l'Université Pierre et Marie Curie, en biologie moléculaire. Passionnée de littérature, elle est aujourd'hui enseignante.

Le mot de la fin

Cette fiche est le résultat d'un long travail de lecture, de recherche et d'analyse. Nous avons fait le maximum pour vous apporter l'essentiel des informations du livre, et vous rendre la lecture agréable avec des illustrations.

Si vous avez apprécié cet ouvrage, n'hésitez pas à laisser un commentaire sur Amazon. Ceci aidera à faire connaître l'ouvrage et nous fera grandement plaisir.

Merci par avance. Nous vous souhaitons beaucoup de réussite dans vos projets et vos études.

Frédéric Lippold et Chaïma Zoraï

Autres ouvrages des mêmes auteurs

- « *Fiche de lecture illustrée - Rhinocéros, d'Eugène Ionesco* »
- « *Fiche de lecture illustrée - L'Étranger, d'Albert Camus* »
- « *Fiche de lecture illustrée - La Ferme des Animaux, de George Orwell* »
- « *Fiche de lecture illustrée - Candide, de Voltaire* »
- « *L'essentiel du livre : L'homme le plus riche de Babylone* »
- « *Comment réussir ses études : conseils et méthodes pour exceller après le bac* »

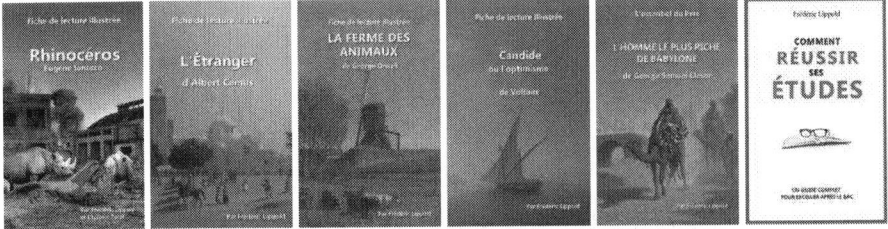

Mentions légales

ISBN-13 : 978-1986616782
ISBN-10 : 1986616789

Dépôt Légal : mars 2018
Dernière édition : avril 2019

Printed in Poland
by Amazon Fulfillment
Poland Sp. z o.o., Wrocław